So wird es gemacht:

Öffne das miniLÜK®-Kontrollgerät und lege die Plättchen in den unbedruckten Deckel. Jetzt kannst du auf den Plättchen und auf dem Geräteboden die Zahlen 1 bis 12 sehen.

Öffne es von der Rückseite. Wenn du das bei der Übungsreihe abgebildete Lösungsmuster siehst, hast du alle Aufgaben richtig gelöst.

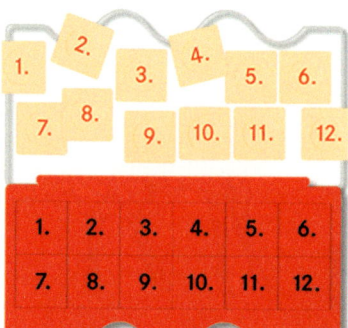

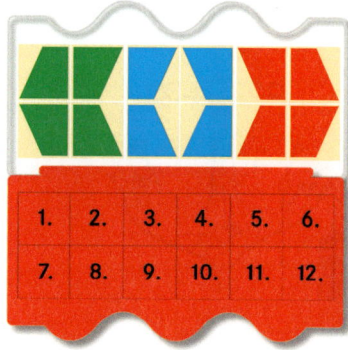

Beispiel: Seite 2 „Beginnt das Wort mit **A**?" Ja oder nein?

Nimm das Plättchen 1, sieh dir Bild 1 an. Darauf siehst du einen Anker. Die Lösung ist ‚ja' mit der Zahl 11. Die 11 ist auch die Feldzahl, auf die du das Plättchen im Kontrollgerät legen musst. Lege also das Plättchen 1 auf das Feld 11 im Geräteboden. Die Zahl 1 muss nach oben zeigen. So arbeitest du weiter, bis alle Plättchen im Geräteboden liegen. Schließe dann das Gerät und drehe es um.

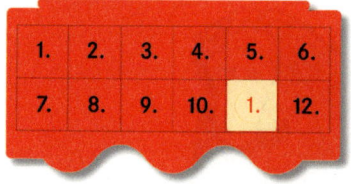

Passen einige Plättchen nicht in das Muster, dann hast du dort Fehler gemacht. Drehe diese Plättchen da, wo sie liegen, um, schließe das Gerät, drehe es um und öffne es wieder.

Jetzt kannst du sehen, welche Aufgaben du falsch gelöst hast. Nimm diese Plättchen heraus und suche die richtigen Ergebnisse. Kontrolliere dann noch einmal. Stimmt jetzt das Muster?

Das System ist für alle Übungen gleich: Die roten Aufgabennummern im Heft entsprechen immer den miniLÜK-Plättchen aus dem Kontrollgerät. Die Zahlen hinter den Lösungen sagen dir, auf welche Felder des Kontrollgerätes du die Plättchen legen musst.

Und nun viel Spaß!

A

Beginnt das Wort mit A?
Ja 😊 oder nein 🙁 ?

1 
😊 11 🙁 1

2 
😊 12 🙁 10

3 
😊 8 🙁 4

4 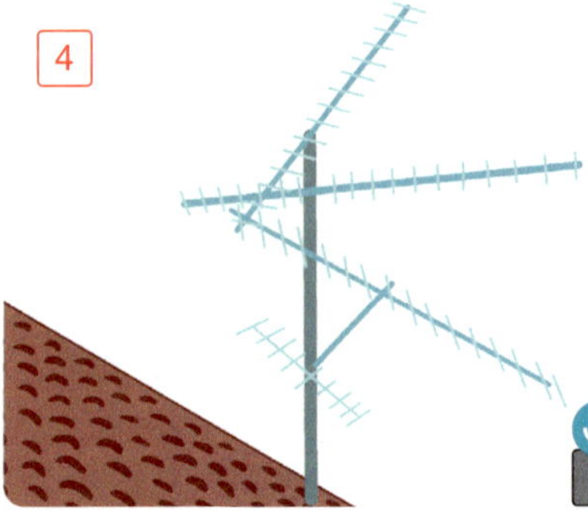
😊 6 🙁 9

5 
😊 5 🙁 2

6 
😊 9 🙁 7

7

😊 5   🙁 12

8

😊 3   🙁 4

9

😊 1   🙁 7

10

😊 3   🙁 5

11

😊 7   🙁 2

12

😊 6   🙁 3

In welchem Wort erklingt ein a?

1
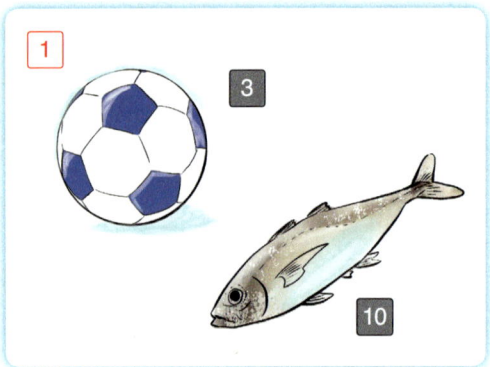

2
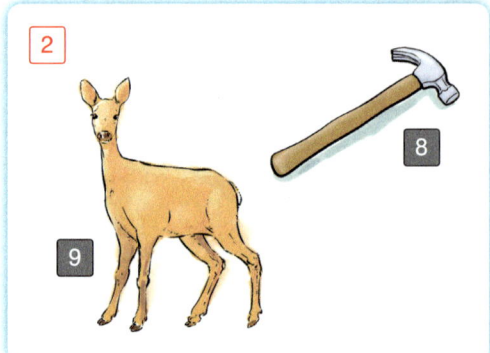

3

4

5

6

7

10
9

8

12
2

9

6
11

10
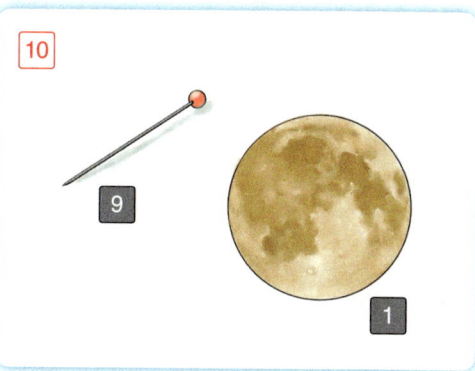
9
1

11

12
8

12
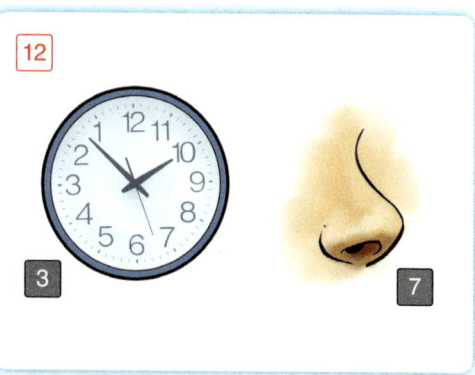
3
7

B

Fängt das Wort mit B an?
Ja 😊 oder nein 🙁?

| 1 |  | 2 |  | 3 |  |

1 😊 1 🙁 7

2 😊 3 🙁 9

3 😊 4 🙁 12

6  😊 11 🙁 4

4  😊 2 🙁 5

9  😊 5 🙁 11

7  😊 1 🙁 8

11  😊 11 🙁 10

8  😊 9 🙁 5

5  😊 6 🙁 8

10  😊 6 🙁 1

12  😊 3 🙁 10

B am Anfang oder b mittendrinn?
Hör genau hin!

1		B .... `6`	...... b ...... `3`	
2		B .... `4`	...... b ...... `9`	
3		B .... `1`	...... b ...... `8`	
4		B .... `2`	...... b ...... `5`	
5		B .... `12`	...... b ...... `7`	
6		B .... `10`	...... b ...... `4`	
7		B .... `12`	...... b ...... `11`	
8		B .... `3`	...... b ...... `8`	
9		B .... `7`	...... b ...... `2`	
10		B .... `12`	...... b ..... `1`	
11		B .... `8`	...... b ...... `10`	
12		B .... `5`	...... b ...... `4`	

C

Suche in jeder Reihe das C oder c!

1	C	D 2	G 1	C 6	J 4	O 11
2	C	P 5	C 8	Q 3	U 9	Y 12
3	C	B 11	J 12	O 7	G 2	C 10
4	C	Q 6	S 2	L 9	C 11	D 5
5	C	D 3	R 7	C 4	P 1	U 8
6	C	C 1	G 10	J 12	B 6	O 9

e c

| 7 **c** | d 9 | o 4 | p 11 | c 5 | g 3 |

| 8 **c** | q 7 | s 3 | u 8 | h 10 | c 2 |

| 9 **c** | d 10 | c 9 | b 1 | g 7 | o 4 |

| 10 **c** | c 12 | d 5 | p 2 | q 8 | u 6 |

| 11 **c** | b 4 | a 6 | d 10 | c 3 | o 1 |

| 12 **c** | g 8 | o 11 | a 5 | q 2 | c 7 |

D

Ist am Ende des Wortes ein d?
Ja 😊 oder nein 😦 ?

1

😊 9   😦 11

2
😊 6   😦 5

3

😊 2   😦 4

4
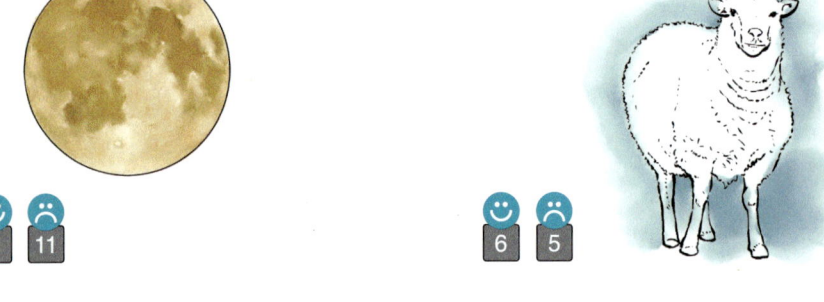
😊 10   😦 6

5

😊 7   😦 8

6

😊 1   😦 6

7

🙂 4 ☹ 7

8

🙂 3 ☹ 11

9

🙂 12 ☹ 1

10
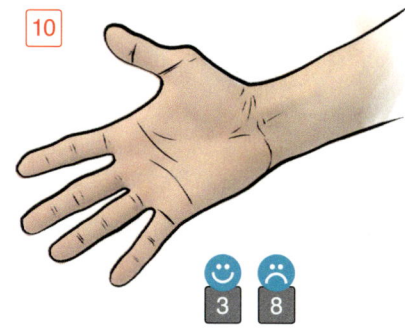
🙂 3 ☹ 8

11

🙂 2 ☹ 7

12

🙂 12 ☹ 5

Finde das D oder d!

1
B 7
D 12
C 4
G 5
P 1

D

2
O 10
R 11
F 9
S 6
D 3

3
D 7
F 1
F 5
U 12
V
B 2

4
C 4
U 3
D 11
G 6
S 9

5
O 12
V 2
P 10
D 1
F 8

6
P 3
D 4
C 6
B 7
V 5

7
a 11
o 1
p 8
y 3
d 5

d

8
c 6
g 7
d 9
h 4
k 10

9
d 8
f 2
t 9
y 1
g 11

10
h 5
a 8
d 6
c 3
o 7

11
t 9
k 10
f 12
p 4
d 2

12
y 8
c 12
a 11
d 10
k 2

In welchem Wort steckt das d?

1 Wind 12   Haus 3

2 Hund 10   Nest 2

3 Mama 4   Wald 7

4 Räder 5   Wasser 11

5 Kinder 1   Kerze 9

6 Kleider 9   Auto 6

7 leider 11   Kerze 9

8 grün 3   wund 4

9 rund 2   klug 1

10 oder 6   warm 5

11 leise 7   anders 8

12 sind 3   neun 10

E

Fängt das Wort mit E an?
Ja 😊 oder nein 🙁?

1 — 😊 1 / 🙁 9

8 — 😊 6 / 🙁 8

9 — 😊 8 / 🙁 2

10 — 😊 3 / 🙁 10

5 — 😊 2 / 🙁 1

2 — 😊 12 / 🙁 4

4 — 😊 5 / 🙁 10

3 — 😊 7 / 🙁 6

11 — 😊 1 / 🙁 8

7 — 😊 11 / 🙁 4

12 — 😊 11 / 🙁 7

6 — 😊 5 / 🙁 3

Wo ist das Ei oder ei?

F

Beginnt das Wort mit F?
Ja 😊 oder nein 😣?

1	
😊 12	😣 3

5	
😊 1	😣 10

9	
😊 8	😣 2

2	
😊 1	😣 4

6	
😊 2	😣 3

10	
😊 4	😣 6

3	
😊 7	😣 5

7	
😊 11	😣 6

11	
😊 8	😣 9

4	
😊 11	😣 5

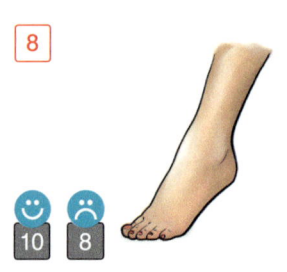

8	
😊 10	😣 8

12	
😊 7	😣 9

In welchem Wort siehst du ein f?

1
Hafer 7
Zimmer 11
Kreise 3

2
Sonne 4
Kühe 9
Tafel 5

3
Wind 8
Hefe 10
Wasser 6

4
Lupe 12
Ring 1
Schaufel 2

5
Kreide 5
Baum 11
Senf 4

6
Sofa 12
Hose 2
Träne 11

7
essen 1
laufen 8
gehen 10

8
rennen 3
bauen 12
faul 11

9
zwölf 9
brennen 6
müde 2

10
sehen 7
greifen 1
sieben 5

11
falsch 3
quaken 10
reisen 4

12
warm 9
helfen 6
haben 8

G

Ist ein G am Wortanfang?
Ja 😊 oder nein 🙁 ?

3

😊 2 🙁 9

10 
😊 11 🙁 10

12 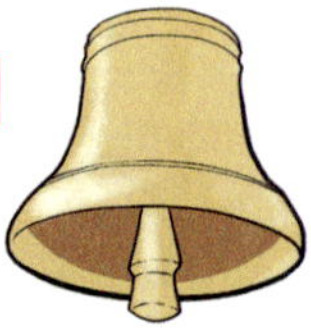
😊 10 🙁 6

2 
😊 12 🙁 3

5 
😊 8 🙁 1

8 
😊 9 🙁 7

7 
😊 10 🙁 12

1 
😊 5 🙁 8

11 
😊 3 🙁 7

6 
😊 11 🙁 4

9 
😊 7 🙁 1

4 
😊 4 🙁 6

Das G – verschieden geschrieben.
Wo ist der gleiche Buchstabe?

1	**G**	G 2	**G** 8	G 9	**G** 1	G 5
2	*G*	**G** 10	*G* 4	**G** 11	**G** 12	G 3
3	G	**G** 9	**G** 3	*G* 1	**G** 11	G 6
4	*G*	**G** 7	G 12	*G* 8	**G** 5	G 4
5	G	G 12	**G** 9	G 2	**G** 6	*G* 7
6	G	**G** 6	G 10	G 5	G 3	*G* 11

7	*g*	g 1	*g* 2	**g** 4	g 7	*g* 8
8	g	*g* 3	**g** 5	g 6	g 10	**g** 2
9	g	g 4	g 11	g 3	*g* 9	*g* 1
10	g	g 8	**g** 1	g 7	*g* 10	g 4
11	*g*	*g* 5	g 6	**g** 12	*g* 2	*g* 10
12	**g**	g 11	*g* 7	g 10	g 4	**g** 9

H

Welches Wort beginnt mit H?

1

11 · 8

2
10 · 7

3

3 · 9

4

12 · 1

5
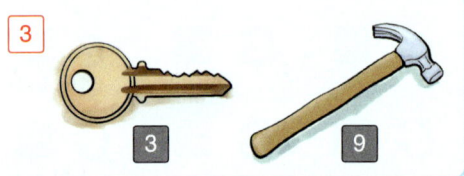
6 · 3

6
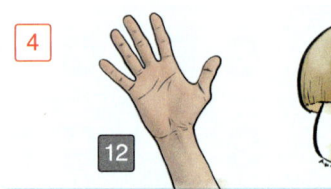
8 · 5

7

1 · 6

8

2 · 1

9
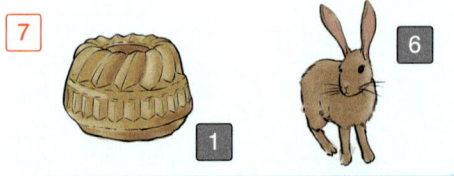
10 · 2

10

4 · 5

11

4 · 9

12
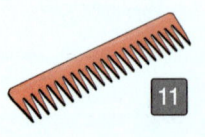
2 · 11

Buchstabenfolgen.
Finde die gleiche!

1	H h h	H h h 3	h H H 9	H h H 4
2	h H h	h h H 12	h H h 11	H H h 5
3	h h H	H H h 10	h H H 6	h h H 8
4	H h H	h H h 5	H h h 1	H h H 4
5	H H h	H H h 2	h h H 3	H h h 7
6	h H H	H h h 7	H H H 11	h H H 12
7	H h H	h h H 1	H h H 10	H h h 9
8	h H H	h H H 5	h h h 6	H h h 3
9	H H h	h h H 2	h H h 12	H H h 7
10	h h h	H h h 11	h h h 9	h h H 8
11	H H H	H H h 4	H H H 1	H h H 10
12	h H h	h H h 6	H h H 7	h h H 2

Hörst du in dem Wort ein i?
Ja 🙂 oder nein 🙁 ?

1
7 2

2
9 10

3
12 8

4
2 5

5
4 6

6
1 9

7
8 11

8
3 4

9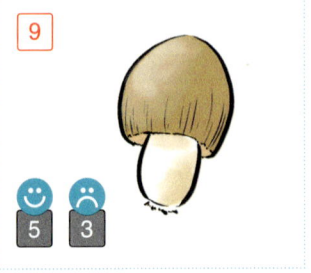
5 3

10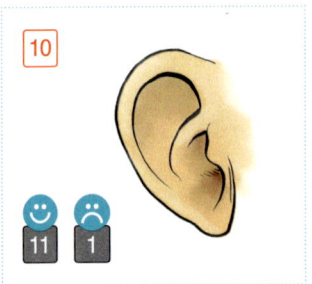
11 1

11
11 12

12
6 3

Suche den Zwillingsbruder!

1 mi	mi 2
	wi 7
	li 3

2 ri	bi 10
	ri 6
	si 5

3 li	yi 9
	ni 8
	li 4

4 bi	ai 11
	bi 1
	ci 12

5 fi	ei 8
	gi 9
	fi 10

6 hi	hi 5
	pi 4
	ri 9

7 ki	si 3
	ui 11
	ki 7

8 pi	pi 12
	vi 9
	zi 10

9 wi	hi 5
	wi 3
	fi 2

10 xi	ki 6
	li 4
	xi 8

11 di	ci 12
	di 9
	wi 7

12 ui	ui 11
	bi 8
	li 1

J

Der wie vielte Buchstabe ist ein J oder j?
Zähle von oben nach unten!

1	2	3	4	5	6
A	J	Z	O	Y	K
D	N	D	R	D	J
K	T	F	J	A	P
J	U	C	T	H	R
F	O	G	P	E	M
B	W	J	V	B	Z
H	Y	H	X	F	U
L	P	E	M	Z	N
M	S	L	W	H	O
C	Y	B	S	G	S
E	R	A	U	C	L
G	V	K	N	J	T

7	8	9	10	11	12
a	o	z	q	x	k
e	t	g	n	d	p
h	r	d	c	a	n
k	u	h	s	e	r
c	x	j	v	c	l
f	p	m	o	f	o
m	j	a	u	y	s
d	v	b	w	g	j
j	y	e	p	b	t
n	w	f	j	z	v
g	q	k	t	j	m
b	s	c	r	h	z

K

Suche das Wort mit K am Anfang!

1
4
11

2
7
12

3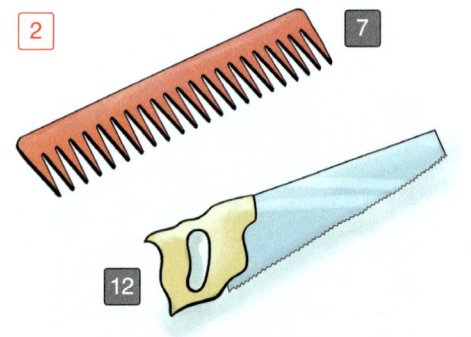
8
10

4
1
12

5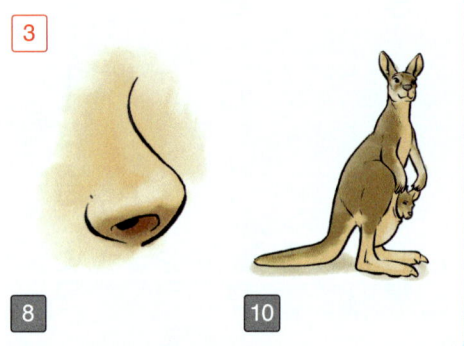
6
4

6
5
8

7

9 6

8

2 1

9

9 2

10

5 3

11

10 3

12

2 7

Welches Wort beginnt mit K?

| 1 | Kamel 3 |
| Bahn 6 |
| Ruder 4 |

| 2 | Käse 1 |
| Reise 7 |
| Hexe 8 |

| 3 | Kaffee 6 |
| Else 10 |
| Roller 2 |

| 4 | Horst 11 |
| Keller 4 |
| Blatt 5 |

| 5 | Birne 3 |
| Erde 9 |
| Kaiser 12 |

| 6 | Haus 1 |
| Kind 8 |
| Esel 11 |

| 7 | Hose 7 |
| Eltern 12 |
| Kirsche 10 |

| 8 | Ernte 5 |
| Koffer 7 |
| Bohne 10 |

| 9 | Kohle 11 |
| Rolf 2 |
| Xaver 6 |

| 10 | Reiter 8 |
| Ente 1 |
| Kuchen 9 |

| 11 | Käfer 5 |
| Balken 12 |
| Haufen 3 |

| 12 | Brille 9 |
| Kleid 2 |
| Radio 7 |

Wo steht das k ganz oben?

1

k	c	f
a	k	e
i	l	k
1	6	3

2

w	a	k
k	c	z
e	k	x
9	2	11

3

u	k	w
k	z	y
x	v	k
12	10	5

4

o	t	k
k	s	p
r	k	w
11	12	8

5

k	m	g
p	f	k
i	k	n
4	7	10

6

z	c	k
k	g	i
l	k	f
3	9	6

7

k	o	r
n	k	v
s	u	k
2	1	7

8

n	k	l
k	p	g
o	m	k
4	5	3

9

c	f	k
m	k	i
k	i	e
10	11	9

10

v	k	a
c	z	k
k	d	e
2	7	6

11

t	k	v
k	y	s
r	u	k
8	3	4

12

k	n	r
s	k	t
o	u	k
12	5	1

L

Fängt das Wort mit L an?
Ja 😊 oder nein 😞 ?

12
😊 11 😞 9

9
😊 8 😞 3

3
😊 5 😞 1

5
😊 8 😞 7

7
😊 5 😞 12

1
😊 6 😞 12

10
😊 7 😞 12

11
😊 2 😞 4

6
😊 3 😞 2

2
😊 9 😞 4

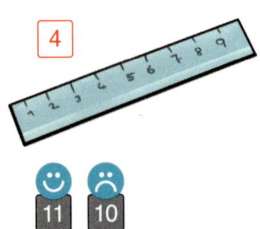
4
😊 11 😞 10

8
😊 9 😞 10

Welches Wortbild endet mit einem L?

1	 5	 3	 10
2	 11	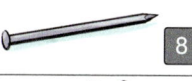 8	 1
3	 11	 12	 6
4	 2	 9	 4
5	 10	 12	 5
6	 7	 1	 8
7	 6	 9	 3
8	4	2	 7
9	 8	 12	 11
10	 4	9	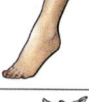 5
11	3	10	6
12	1	 7	 2

In welchem Wort ist ein l?

1 Wal `10`	**Hose** `11`	Ameise `4`	Daumen `2`
2 Bogen `9`	Clown `1`	**Eimer** `12`	Fisch `5`
3 Maus `11`	**Moni** `4`	Esel `6`	Haus `7`
4 Rose `3`	Kamm `2`	Arm `8`	**Olga** `9`
5 **Nase** `1`	Hals `12`	Pause `10`	Mama `11`
6 Fliege `2`	**Bein** `5`	Dose `7`	Reise `4`
7 grün `6`	schwarz `8`	viel `3`	**rosa** `9`
8 **immer** `2`	also `7`	kauen `1`	pressen `10`
9 sauer `8`	eisern `9`	**jaulen** `5`	wiegen `6`
10 malen `4`	**mauern** `12`	sauer `3`	hauen `1`
11 nein `12`	unser `6`	**arm** `9`	leise `11`
12 raus `7`	**grau** `5`	dein `3`	weil `8`

M

Fängt das Wort mit M an?
Ja 😊 oder nein 🙁 ?

1

😊 4 🙁 7

2

😊 5 🙁 8

3

😊 12 🙁 2

4

😊 3 🙁 9

5

😊 6 🙁 8

6

😊 11 🙁 12

7

😊 9 🙁 10

8

😊 5 🙁 11

9

😊 7 🙁 6

10

😊 1 🙁 10

11

😊 2 🙁 1

12

😊 6 🙁 3

Suche das jeweils größte M oder m!

1 M 8
   M 4
   M 3

2 M 1
   M 11
   M 7

3 M 2
   M 5
   M 6

4 M 3
   M 10
   M 11

5 M 7
   M 12
   M 1

6 M 8
   M 6
   M 2

7 m 10
   m 3
   m 9

8 m 9
   m 7
   m 8

9 m 5
   m 1
   m 12

10 m 12
    m 9
    m 10

11 m 11
    m 2
    m 5

12 m 6
    m 8
    m 4

N

Beginnt das Wort mit N?
Ja 😊 oder nein 🙁 ?

1

😊 12 🙁 2

2

😊 6 🙁 10

3

😊 7 🙁 11

4

😊 9 🙁 5

5

😊 1 🙁 4

6
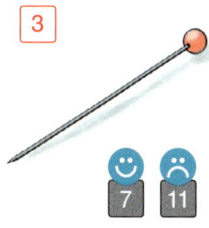
😊 3 🙁 9

7

😊 5 🙁 11

8

😊 4 🙁 1

9

😊 8 🙁 2

10

😊 6 🙁 3

11

😊 8 🙁 10

12

😊 7 🙁 3

Steht im Netz ein n?
Ja 😊 oder nein 😞?

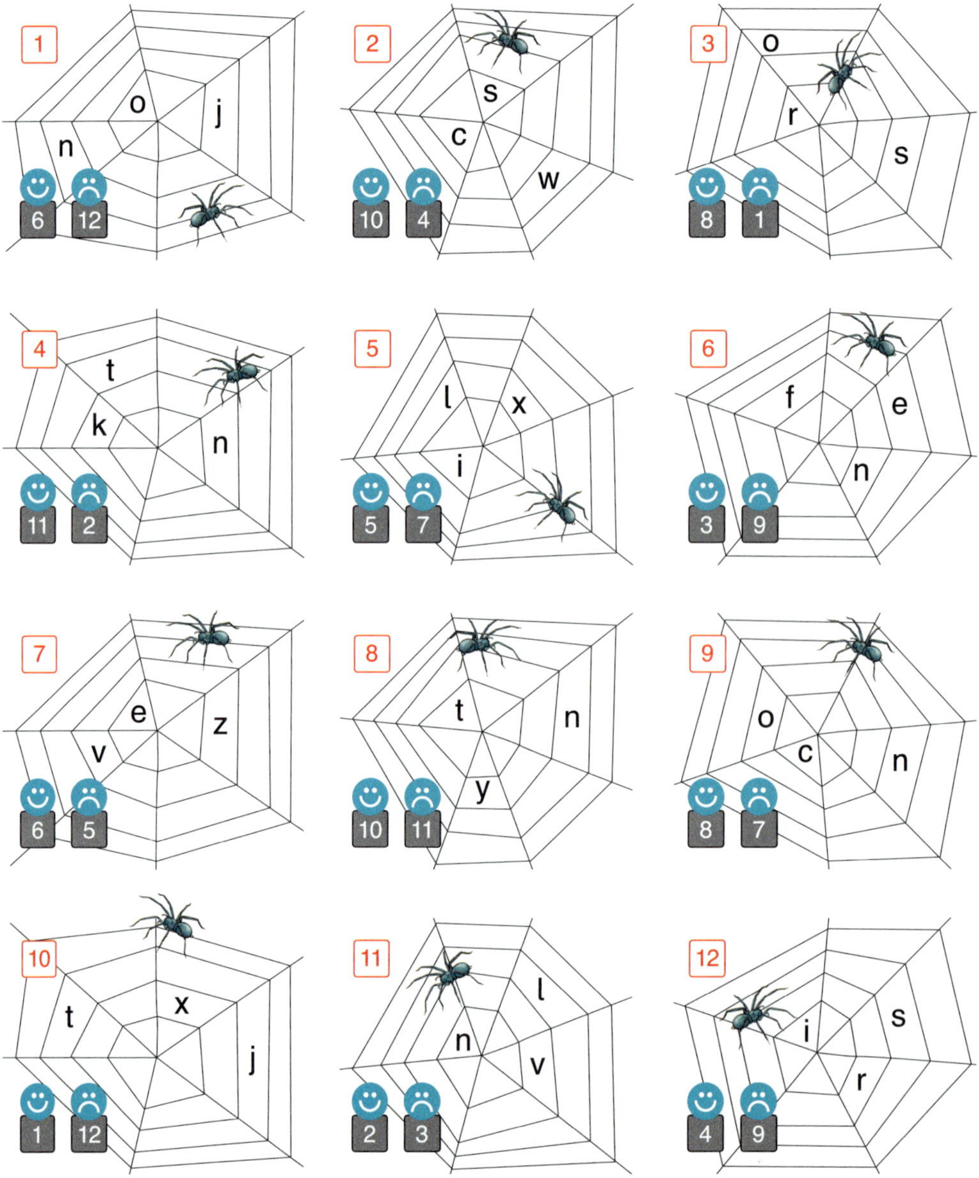

1 o j n
6 12

2 s c w
10 4

3 o r s
8 1

4 t k n
11 2

5 l x i
5 7

6 f e n
3 9

7 e z v
6 5

8 t n y
10 11

9 o c n
8 7

10 t x j
1 12

11 l n v
2 3

12 i s r
4 9

Hörst du in dem Wort ein o?
Ja  oder nein ?

6  9 5

2 6 9

4  1 8

12 5 11

11 9 2

3 12 4

5 10 7

1 3 2

8 4 12

7 7 1

10 8 11

9 10 3

Gesucht: Die Sprechblase mit einem o oder O!

In welchem Wort hörst du ein o?
Wähle aus drei Möglichkeiten!

1	 ☀️ 1	 🥔 3	 🐭 2
2	 🛏️ 9	 🪑 11	 🐸 4
3	 ✂️ 7	 👂 6	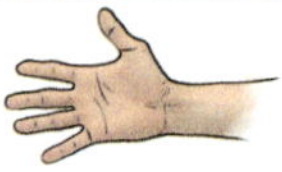 ✋ 12
4	 🧔 11	 ☂️ 10	 🛶 8
5	 🔥 12	 👞 1	 🎩 5
6	 🥅 3	 ⚽ 4	 🔨 9
7	 🐑 6	 👗 2	 🖼️ 7
8	 🕐 8	 👁️ 5	 👨‍🍳 10
9	 🦉 4	 🐒 12	 🧺 11
10	 🏔️ 10	 🔔 7	 🪑 3
11	 🍲 5	 🫏 8	 🦔 1
12	 💪 2	 👖 9	 🦵 6

P

Hörst du ein P am Anfang?
Ja 😊 oder nein 😟?

1
😊 7 😟 9

2
😊 1 😟 5

3
😊 10 😟 3

4
😊 11 😟 2

5
😊 8 😟 4

6
😊 12 😟 3

7
😊 8 😟 7

8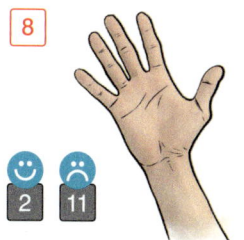
😊 2 😟 11

9
😊 12 😟 9

10
😊 1 😟 6

11
😊 10 😟 3

12
😊 6 😟 4

Finde das P oder p!

1   A   C   P   K   N
  4   10   2   9   1

7   z   p   e   f   h
  9   7   6   2   8

2   Z   H   F   P   S
  7   8   10   6   3

8   o   r   w   k   p
  1   5   11   3   12

3   P   Q   L   E   V
  3   4   9   8   5

9   s   l   p   u   m
  2   11   4   7   10

4   M   P   T   X   J
  10   1   7   12   6

10   p   x   t   n   i
  8   12   3   5   11

5   G   U   Y   W   P
  6   2   8   11   9

11   v   j   c   p   y
  5   6   1   10   7

6   I   Z   P   E   M
  12   3   5   1   4

12   p   s   k   x   n
  11   9   12   4   2

Wo steht das Q oder q?

1 Qu 7 / Ku 6 / Nu 3

2 Du 1 / Qu 10 / Tu 8

3 Wu 4 / Lu 5 / Qu 12

4 Qu 2 / Hu 7 / Bu 9

5 Fu 10 / Su 3 / Qu 6

6 Au 12 / Qu 9 / Mu 11

7 qu 8 / eu 1 / ku 10

8 ru 11 / qu 4 / vu 7

9 lu 9 / ju 2 / qu 5

11 su 5 / qu 11 / hu 4

10 wu 6 / zu 12 / qu 1

12 qu 3 / xu 8 / tu 2

R

Fängt das Wort mit einem R an?

Ja 😊 oder nein 🙁 ?

1 [swing set] 😊 4 🙁 12

2 [scooter] 😊 3 🙁 9

3 [rocket] 😊 7 🙁 6

4 [door] 😊 5 🙁 11

5 [deer] 😊 1 🙁 8

6 [recorder] 😊 2 🙁 4

7 [ring] 😊 5 🙁 11

8 [violin] 😊 3 🙁 9

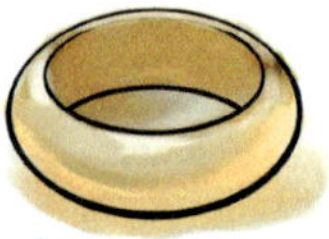

9 [vase] 😊 2 🙁 8

10 [tire] 😊 6 🙁 10

11 [hammer] 😊 7 🙁 2

12 [rose] 😊 10 🙁 1

44

Welches Wort beginnt mit R?
Wähle aus drei Möglichkeiten!

1	1	7	6
2	4	10	2
3	11	3	12
4	2	4	8
5	7	6	5
6	3	 1	9
7	8	 2	3
8	10	9	4
9	5	 12	11
10	 6	 8	1
11	12	5	7
12	9	10	3

Wo steht das R oder r ganz oben?

1

A	R	K
F	H	R
R	J	N
2	7	4

2

R	W	L
Q	R	Y
Z	U	R
3	8	1

3

S	R	C
R	T	E
I	G	R
5	12	9

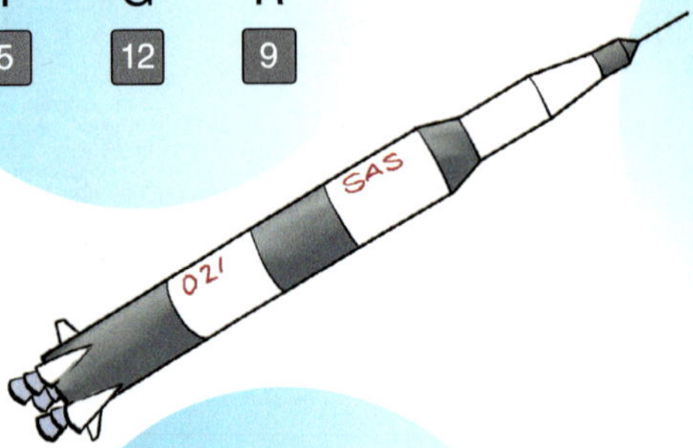

4

E	R	W
H	K	R
R	Z	N
7	2	10

5

O	F	R
R	C	D
J	R	S
9	3	6

6

R	M	D
V	X	R
L	R	O
4	5	7

7

e	x	r
h	s	v
	r	z
11	1	8

8

o	r	f
g	c	r
r	q	b
6	9	3

9

d	v	r
t	r	h
r	y	e
12	10	5

10

r	d	z
o	w	r
g	r	s
1	4	2

11

a	c	r
r	v	b
f	r	x
8	12	11

12

r	w	h
y	t	r
u	r	f
10	11	6

S

In welchem Wort hörst du ein S oder s?

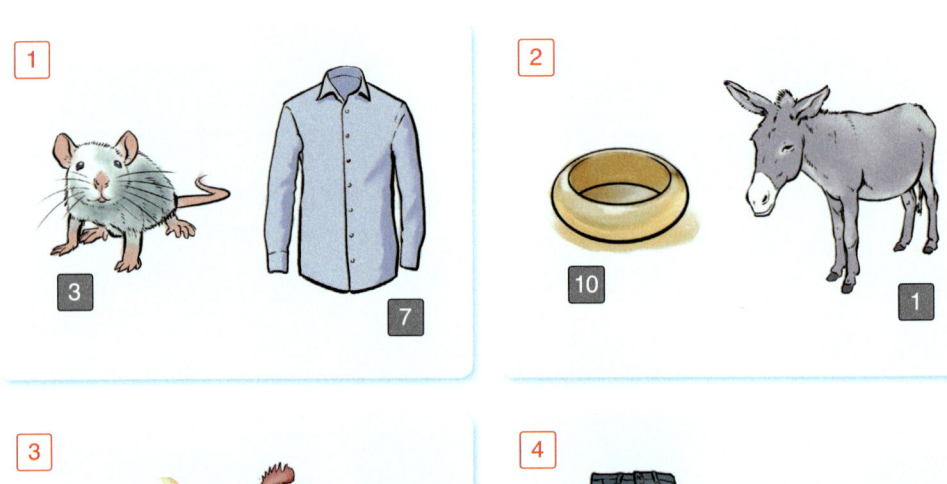

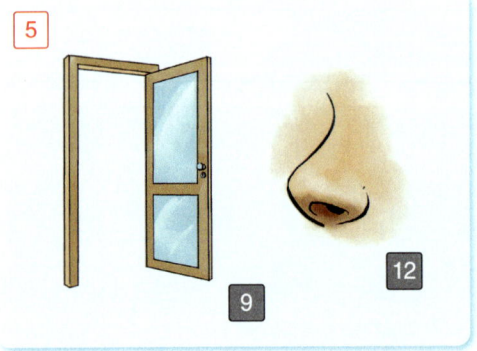

7

4   10

8

6   7

9

11   5

10

2   9

11

5   1

12

2   12

Wieviele S oder s sind im Wort?

1	Flüsse	sss	1	ss	9
2	Sense	Ss	8	S	3
3	Rasen	ss	4	s	11
4	Senf	S	10	Ss	12
5	loslassen	sss	5	ss	2
6	Sessel	Ss	3	Sss	7
7	Säbel	Sss	1	S	4
8	müssen	ss	2	s	6
9	Sofakissen	Sss	12	Ss	1
10	Eiswasser	s	4	sss	3
11	Kreisel	s	6	ss	2
12	Susi	S	7	Ss	1

Suche das SCH am Anfang!

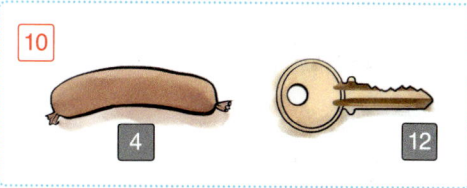

T

Beginnt das Wort mit einem T?
Ja 🙂 oder nein 🙁?

2

🙂 11 🙁 2

8
🙂 8 🙁 5

5
🙂 6 🙁 4

10
🙂 3 🙁 7

7
🙂 2 🙁 1

3

🙂 9 🙁 10

6
🙂 12 🙁 6

4
🙂 8 🙁 5

1

🙂 1 🙁 7

9

🙂 9 🙁 12

12
🙂 10 🙁 12

11
🙂 3 🙁 4

In welchem Wort ist ein **T** oder **t**?

1	Turm 11	2	Haus 1	3	Affe 5
	Esel 3		Fisch 11		Teig 9
	Clown 8		Teufel 7		Koch 2

4	Zirkus 6	5	Tafel 3	6	Welle 2
	Arm 10		Baum 1		Tor 8
	Tisch 12		Nudel 4		Ziege 9

7	weinen 12	8	rosa 4	9	weit 10
	raten 6		heiser 2		schreien 12
	segnen 10		leiten 1		meinen 11

10	Dornen 9	11	Hörner 8	12	Miete 2
	Haus 7		Leiter 4		Wiese 5
	Winter 5		Käse 6		Buch 3

U

Wo hörst du einen U-Laut?

1		2	
3		4	
5		6	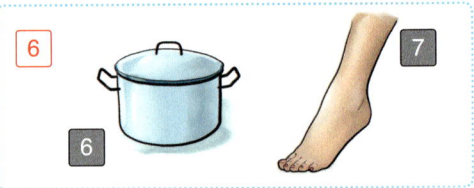
7		8	
9		10	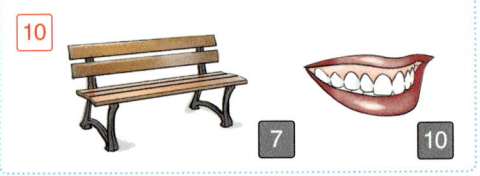
11		12	

Wie spät ist es auf dem U?

Uhrzeit = Feldzahl

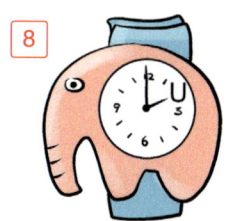

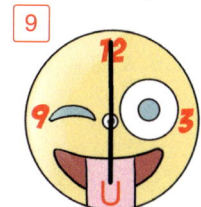

Würfelspiel – zähle die Punkte!

Suche dann die gleiche Menge an **V**-Buchstaben!

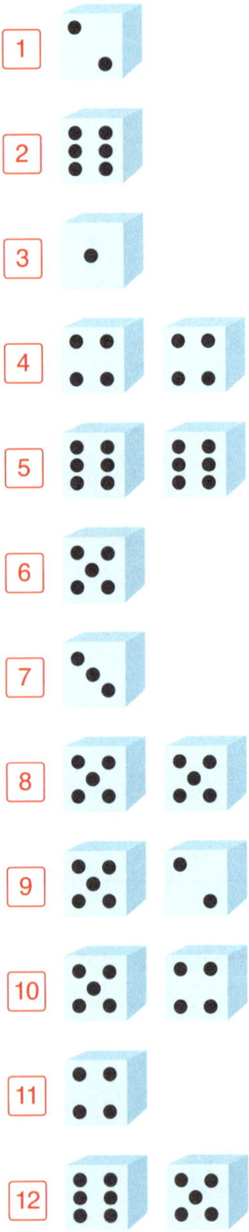

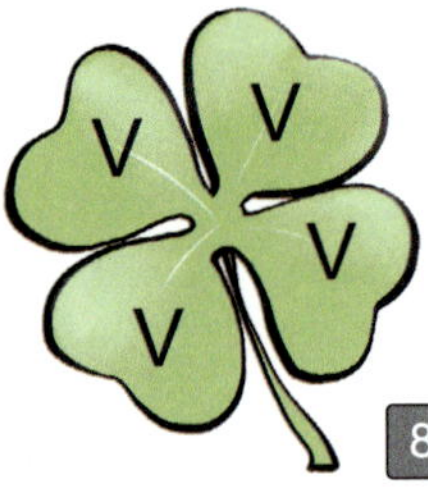

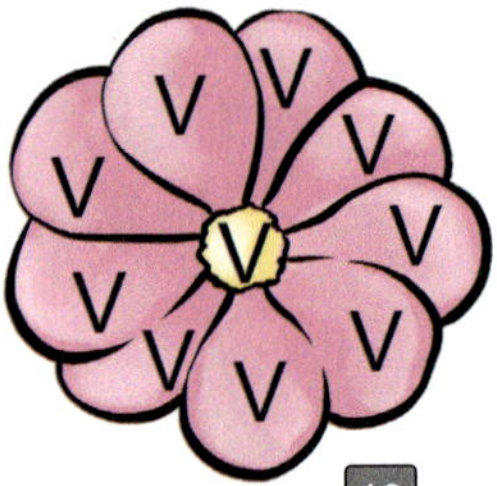

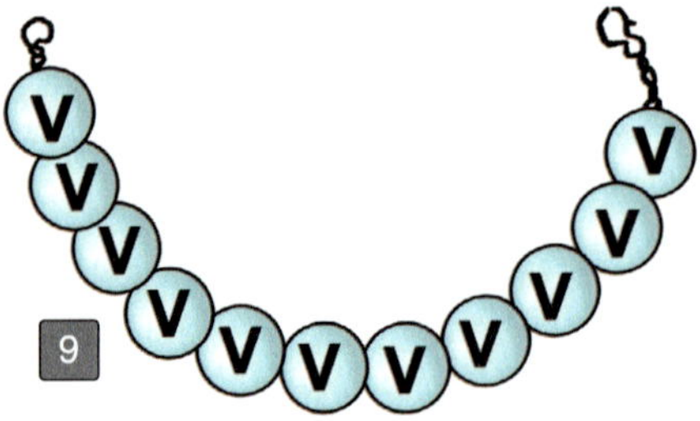

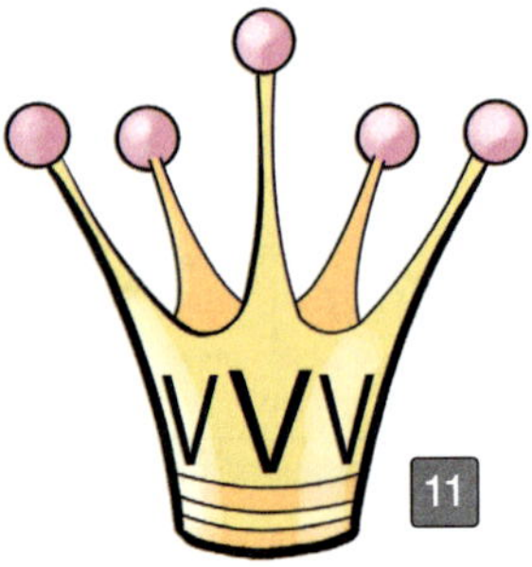

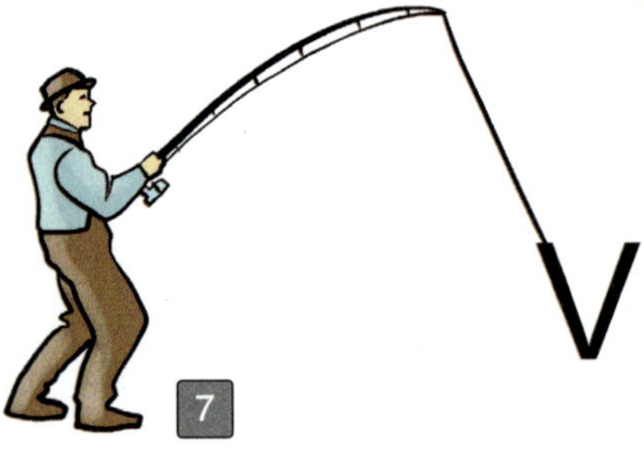

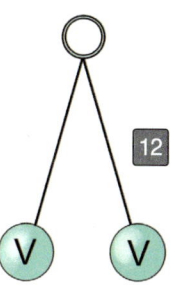

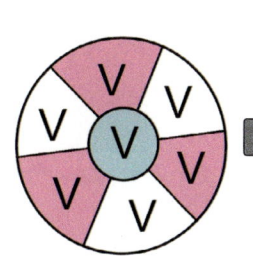

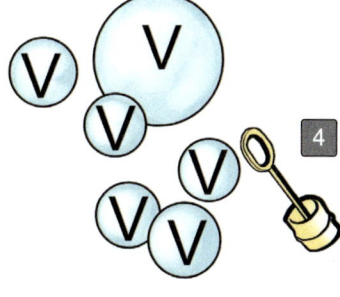

W

Beginnt das Wort mit einem W?

Ja 😊 oder nein 😞?

1
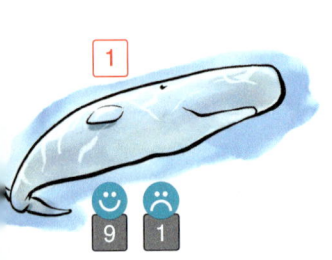
😊 9 😞 1

2

😊 7 😞 5

3

😊 2 😞 6

4

😊 10 😞 11

5

😊 4 😞 8

6
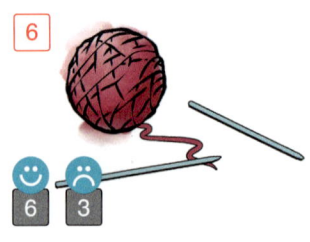
😊 6 😞 3

7

😊 12 😞 4

8

😊 9 😞 11

9
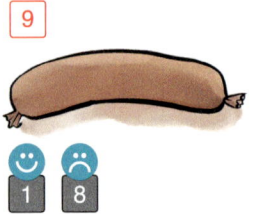
😊 1 😞 8

10

😊 5 😞 3

11

😊 7 😞 2

12

😊 10 😞 12

Welcher Wagen hat ein W oder w?

Fang von links hinter der Lok zu zählen an!

1	F	C	B	Q	E	R	U	O	P	W	D	H
2	A	E	C	B	J	W	P	O	I	U	Z	T
3	W	E	R	T	Z	U	I	O	L	A	S	V
4	A	S	D	F	K	L	K	T	W	M	N	B
5	M	N	B	V	C	X	W	E	R	S	F	G
6	H	K	O	U	F	B	M	I	O	Z	W	P
7	t	r	w	p	o	l	m	n	b	g	t	e
8	e	r	t	z	u	i	o	p	q	s	c	w
9	m	j	i	o	k	l	p	w	f	z	t	r
10	a	x	y	w	z	u	o	p	e	r	s	d
11	b	w	d	f	g	b	n	m	l	o	p	u
12	z	i	p	e	w	r	a	y	d	t	u	o

X

Das zertrümmerte Xylophon.
Setze es richtig zusammen!

1	X x		X x	2
2	X x		X x	1
3	X x		X x	6
4	X x		X x	12
5	X x		X x	4
6	X x		X x	3
7	X x		X x	7
8	X x		X x	5
9	X x		X x	9
10	X x		X x	11
11	X x		X x	10
12	X x		X x	8

61

Y

Wo klingelt Yvonne?
Suche das gleiche Türschild!

#		#
1	Yvonne	Gaby — 7
2	Yin	Ylmas — 10
3	Yang	Yeti — 5
4	Gaby	Bayer — 6
5	Ylmas	Yin — 12
6	Yeti	Yves — 3
7	Sibylle	Sibylle — 1
8	Bayer	Meyer — 11
9	Yves	Lydia — 9
10	Yvette	Yvette — 8
11	Lydia	Yang — 4
12	Meyer	Yvonne — 2

Z

Fängt das Wort mit einem Z an?
Ja 🙂 oder nein ☹ ?

1 🙂 3 ☹ 6

2 🙂 2 ☹ 11

3 🙂 1 ☹ 9

4 🙂 5 ☹ 10

5 🙂 3 ☹ 4

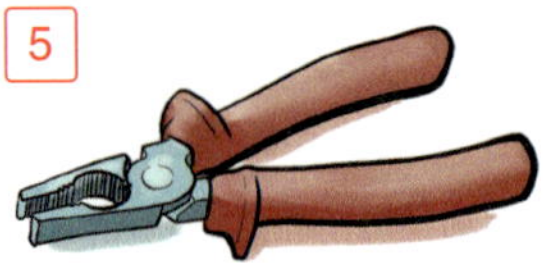

6 🙂 8 ☹ 1

7 🙂 11 ☹ 7

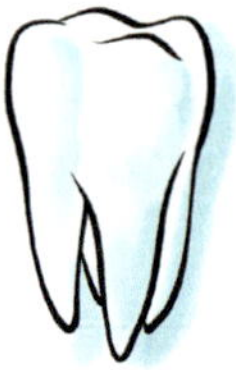

8 🙂 12 ☹ 8

9 🙂 2 ☹ 10

10 🙂 12 ☹ 9

11 🙂 4 ☹ 6

12 🙂 5 ☹ 7

Zauberkreise mit Z und z.
Wo ist der Zwilling?

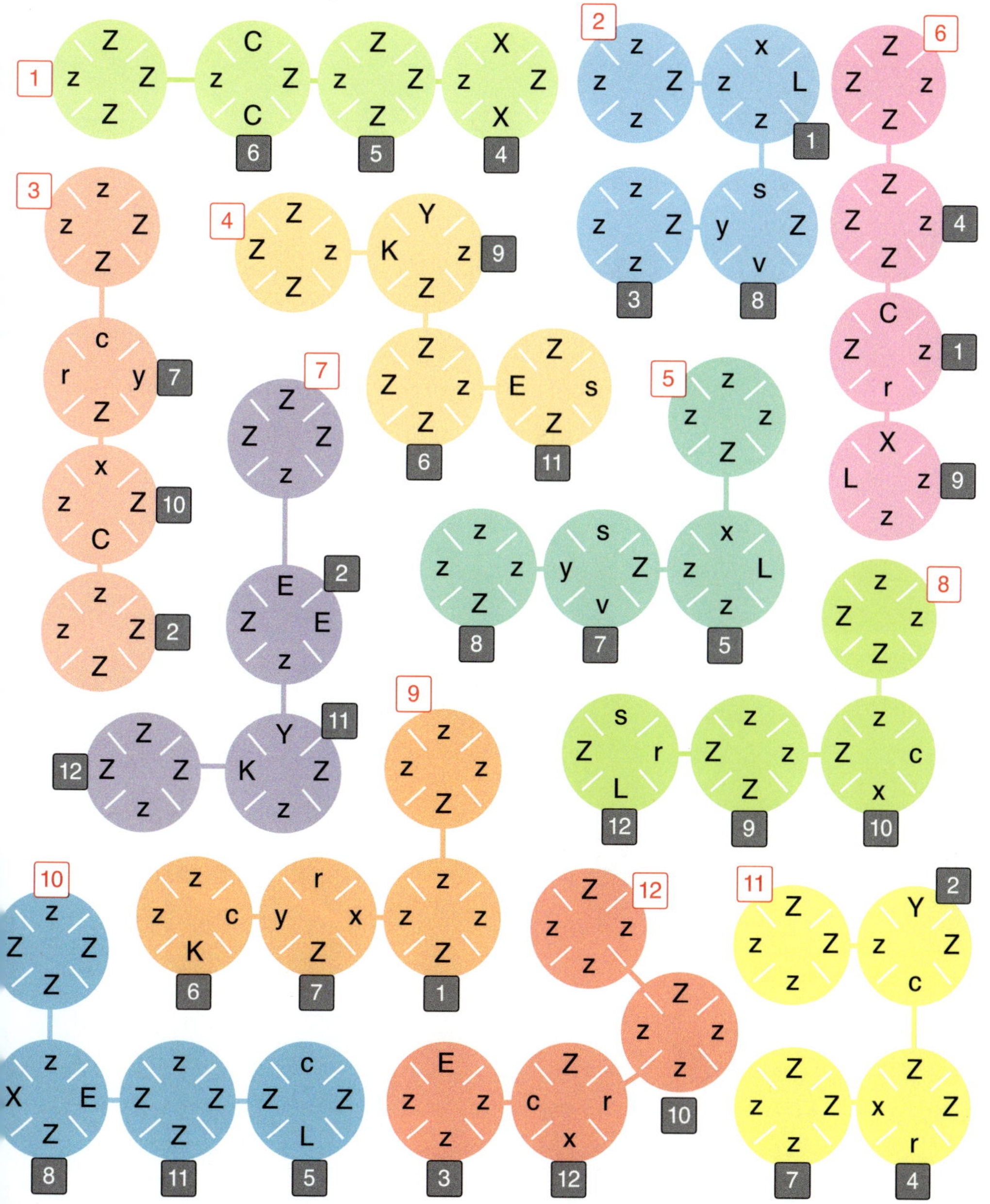

Kennst du jetzt alle Buchstaben?

Aa   Gg

Bb   Hh

Cc   Ii

Dd   Jj

Ee   Kk

Ff   Ll